KW-550-792

Texte : Silvie Sanža
Illustrations : Milan Starý

Quand je serai grand, je serai...

C'est quoi ton métier ?

bayard jeunesse

Salut! Je m'appelle Motup. L'autre soir, j'étais en train de hurler à la Lune, comme le font tous les chiens, quand soudain je me suis dit : et si j'allais y faire un tour?
Je suis donc devenu astronaute! J'étais en apesanteur, entouré d'os, flottant tout autour de moi, mais, dommage : impossible de les attraper!
Alors j'ai cherché une activité plus tranquille. Dans mon atelier d'artiste, il faisait chaud et la peinture sentait bon. Le hic : j'étais obligé de me laver tous les soirs car mes poils étaient tout salis par la gouache!
Je me suis mis en quête d'un meilleur travail. Et devinez quoi? Je suis devenu détective. J'ai retrouvé la trace de plusieurs saucisses. J'aurais bien voulu les manger, mais en tant qu'homme de loi, j'ai dû les rendre...
Cela m'avait donné faim. Comme je n'avais plus d'argent, j'ai commencé à travailler dans un grand magasin. Mais le bruit de la caisse enregistreuse me donnait le tournis! Nous, les chiens, avons l'ouïe très fine, tu sais...
J'ai compris que ce n'était pas si facile de trouver un bon travail! J'ai donc décidé de chercher plein d'infos sur les différents types de métiers. Et si tu m'accompagnais dans cette aventure?
Prêt? Alors suis-moi!

Liste des professions

J'aimerais travailler dans...

un théâtre

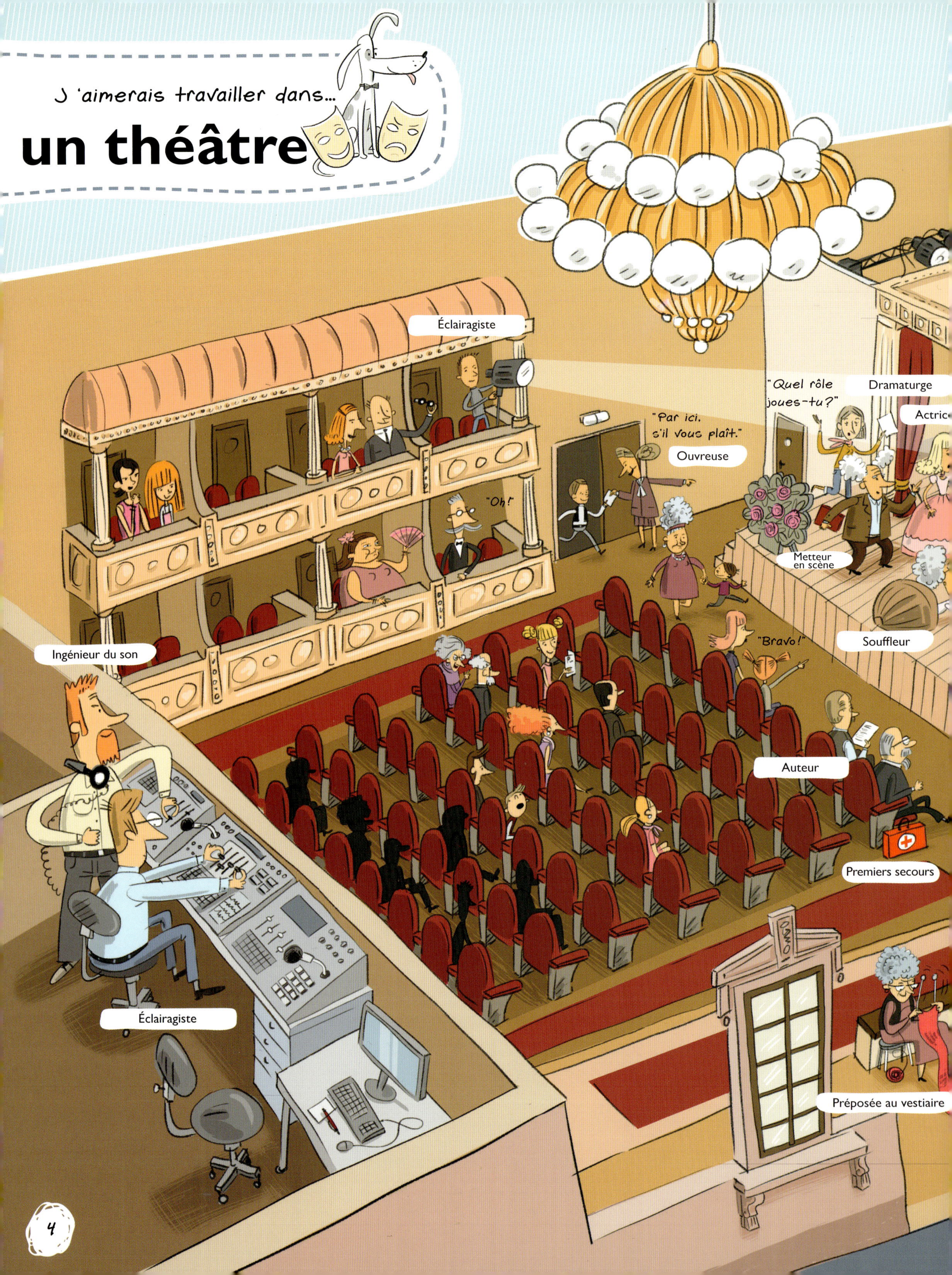

"Et si je branchais ma machine!"
Habilleuses
Éclairagiste
"C'est un asile de fous, ici!"
Costumière
"Ils jouent le Chat Botté ou quoi?"
Cordonnier
Costumier
Régisseur
Machiniste
Scénographe
Acteur
Accessoiriste
Concierge
Maquilleuse
Coiffeuse
THÉÂTRE
Ouvreuse
"Bonsoir!"
"Demandez le programme!"
Guichetier
Barman
"Vite, je suis en retard!"
Ouaf!
TAXI

AUTEUR

C'est lui qui écrit la pièce, crée les histoires, et rédige les dialogues que joueront les acteurs.

METTEUR EN SCÈNE

Il dirige l'ensemble de la production. Il choisit les acteurs, les aide à répéter leur rôle en leur donnant des consignes de jeu. Il décide de tout ce qui se déroule sur scène, des costumes, des accessoires, éventuellement de la musique… Sans lui, pas de représentation possible !

SCÉNOGRAPHE

Appelé aussi concepteur de décor, il imagine celui-ci et choisit les costumes, en accord avec le metteur en scène. Il dessine des croquis que les habilleuses et les techniciens utiliseront dans les ateliers pour créer les costumes, le mobilier et les accessoires.

MACHINISTE

Transformer le plateau en château, en prairie verdoyante ou en lac, c'est la mission du machiniste. Pendant la représentation, c'est lui qui met en place, puis retire les éléments de décoration et le mobilier.

HABILLEUSE

DRAMATURGE

C'est le bras droit du metteur en scène. Elle recherche les scénarios intéressants et les idées originales. Elle travaille à l'adaptation de textes pour le théâtre ou le cinéma, par exemple en créant des dialogues, en transposant une histoire dans une autre époque, ou en transformant un personnage masculin en personnage féminin.

ACTEUR

Mémoriser son rôle n'est pas suffisant : il lui faut du talent pour que son interprétation du personnage soit convaincante… Il doit réussir à disparaître derrière son rôle.

INGÉNIEUR DU SON

Il crée une ambiance en mixant de la musique, du son ou des bruitages aux commandes de sa table de mixage. Il fait en sorte qu'on entende bien les voix, même quand les acteurs parlent doucement.

ÉCLAIRAGISTE

Dans un grand théâtre, la scène est éclairée par des centaines de projecteurs. De sa cabine, assis devant sa console, l'éclairagiste contrôle toute la lumière.

RÉGISSEUR

Il s'assure que les changements de décor ont lieu au bon moment et rappelle aux acteurs quand, et munis de quels accessoires, ils doivent entrer sur scène.

SOUFFLEUR

Quand l'acteur a oublié une réplique, le souffleur lui murmure le texte correct.

MAQUILLEUSE

Le caractère de chaque personnage est souligné par un maquillage très élaboré. Il faut que les expressions du visage se voient dans toute la salle.

COIFFEUSE

Elle est capable de créer les coiffures les plus folles ou de poser une perruque.

J'aimerais travailler dans...

une ferme

"Pfft...! Ce champ n'en finit donc jamais?"
Agronome
Apiculteur
Cultivateur
Vétérinaire
"Lalala !"
Éleveur de bétail
"miam"
Fermier
Chauffeur de tracteur
Pêcheur
Pêcheur
Pisciculteur

PÊCHEUR

Il faut distinguer le pisciculteur, qui s'occupe de la reproduction, de la transformation et de la vente du poisson, du pêcheur, qui prend soin des réserves et pêche.

PISCICULTEUR

AGRONOME

Il décide quelle variété planter, comment en prendre soin, quand et comment la récolter.

CULTIVATEUR

Il s'occupe de la culture des plantes ornementales, des légumes et des fruits.

ÉLEVEUR

Il possède une grande connaissance du bétail, est responsable de son alimentation, de sa santé et de sa reproduction… Il gère aussi la production de viande et de produits laitiers.

FORESTIER

Son nom savant est sylviculteur. Il veille sur la bonne santé des arbres, décide lesquels couper, ou quelles nouvelles espèces planter.

BÛCHERON

Lorsqu'il faut couper un arbre, c'est lui qui intervient en veillant à la sécurité.

VÉTÉRINAIRE

Il effectue des examens de routine, soigne maladies et blessures, et aide au besoin les femelles à mettre bas. Il vérifie également que les règles d'hygiène sont respectées à la ferme, et les produits sans danger.

APICULTEUR

Il veille sur la bonne santé des abeilles.
Il doit entretenir la ruche, renouveler les colonies d'abeilles, s'occuper de la reproduction des reines et de la transformation des produits de la ruche, comme la propolis, le miel et la cire.

AGRICULTEUR

Il partage son temps entre le travail aux champs et les tâches administratives à son bureau. À la tête de sa ferme, il est responsable de la culture de la terre, des plantations, des semis, de l'élevage du bétail et des volailles. Mais il doit aussi avoir la tête aux affaires, afin de trouver des clients pour acheter ses produits.

GARDE-CHASSE

Il s'assure que les braconniers ne chassent pas dans son secteur, que la vermine ne devient pas trop envahissante, ou que les animaux ne tombent pas malades. S'il le faut, il leur apporte un supplément de nourriture, surtout l'hiver.

CHAUFFEUR

Aucune ferme ne peut se passer de tracteur. Le chauffeur de tracteur se charge aussi de son entretien.

DÉBARDEUR

Si un endroit n'est pas accessible en tracteur, il faut utiliser un chariot attelé. C'est le débardeur qui s'occupe des chevaux pendant et après le travail, les nourrit, nettoie leur écurie et range le harnachement.

J 'aimerais travailler sur...

un navire de croisière

Maître-nageur
"Slurp!"
"Jeu, set et match!"
Musicien
Personnel de pont
Chef électricien
Personnel de pont
Tous en piste!"
Animateur
Chef mécanicien
Serveur
"Zzzz"
Personnel de cabine
Capitaine
"Oh, du bateau!"
Coucou!

SECOND CAPITAINE

Il doit contrôler jour et nuit la position du navire. Il calcule la route à suivre, informe le commandant du moindre changement ou danger, et s'assure que le voyage suit son cours au plus près du programme prévu.

OFFICIER RADIO

Ma mission est de maintenir la communication entre le navire et la terre ferme, ou avec d'autres vaisseaux.

SECOND MÉCANICIEN

Le second mécanicien est responsable de l'entretien et de la maintenance des machines.

COMMANDANT

Responsable de la bonne marche du navire, il est le vrai maître à bord. C'est lui qui choisit la route et commande à l'équipage. Il doit connaître toutes les lois maritimes et se montrer un bon chef d'équipe.

PERSONNEL DE CABINE (STEWARD)

C'est lui qui fait le ménage dans les cabines des passagers, change les serviettes, les draps…

PERSONNEL DE PONT

Il tient le(s) pont(s) - c'est-à-dire chaque étage du bateau - en bon ordre.

ANIMATEUR

Il organise les loisirs tout au long du voyage, que ce soit sur le plan culturel ou sportif.
Il travaille sans relâche pendant toute la croisière.

GUIDE TOURISTIQUE

À chaque escale, c'est elle qui guide les passagers lors des excursions.
Elle leur donne une foule d'informations sur les pays et régions visités.

INSTRUCTEUR PHYSIQUE

Les passagers qui souhaitent pratiquer une activité physique (danse, yoga, aérobic, musculation…) peuvent s'adresser à l'instructeur qui les aidera à en choisir une, les guidera pendant les exercices et leur donnera des conseils de nutrition.

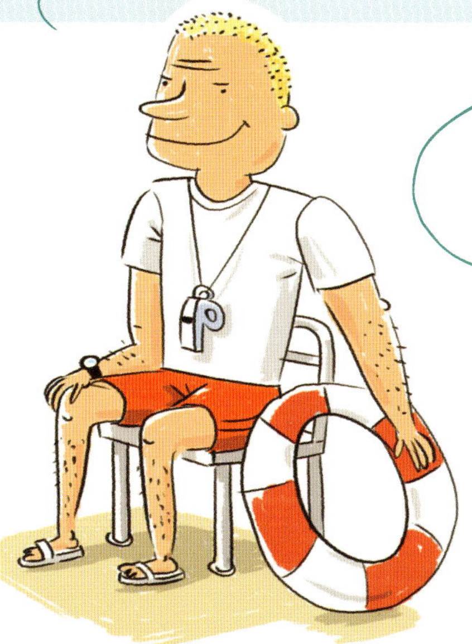

MAÎTRE-NAGEUR

Sur un bateau aussi, il faut surveiller les baigneurs. C'est la responsabilité des maîtres-nageurs, toujours prêts à intervenir pour sauver quelqu'un qui se noie ou donner les premiers secours.

CHEF MÉCANICIEN

Responsable des machines, il s'assure que les moteurs sont correctement lubrifiés, les batteries chargées, les gouvernes de direction en bon état… Bref, c'est lui qui garantit qu'il n'y aura aucune panne durant le voyage.

J 'aimerais travailler dans...

un aéroport

"Attention!"
"Rang 5, du côté droit!"
Hôtesse de l'air
Préparateur de vol
Pilote
Directeur d'aéroport
DÉPARTS
Douanier
Douanier
"Stop!"
Enregistrement
TAXI
Snif !
Personnel au sol
Chauffeur de taxi
"Qu'est-ce qu'il est grand, cet aéroport!"

CONTRÔLEUR AÉRIEN

La tour de contrôle est le domaine du contrôleur aérien. Il sait toujours quels avions sont en vol et les guide durant leur parcours. Il porte une énorme responsabilité vis-à-vis des pilotes.

HÔTESSE DE L'AIR – STEWARD

Ils s'assurent que les passagers sont confortablement installés. Ils doivent maîtriser au moins deux langues, rester toujours aimables et être capables de gérer une situation stressante. Leur métier les oblige à beaucoup voyager et à souvent travailler le week-end, la nuit ou pendant les vacances.

DOUANIER

Avant de pouvoir embarquer ou débarquer, tous les passagers doivent passer la douane et le contrôle d'identité. Les officiers des douanes s'assurent qu'ils ne portent pas d'objets dangereux et interdits, comme une arme, de la drogue ou des espèces d'animaux protégées.

MÉTÉOROLOGUE

Le mauvais temps peut causer de gros problèmes pour les avions. C'est pourquoi un météorologue surveille de près la pression atmosphérique, le vent, les nuages et la température pour en avertir les pilotes.

PILOTE

Piloter l'avion est sa tâche principale, mais pas la seule : il doit aussi vérifier le niveau du carburant et le bon fonctionnement de tous les appareils, ou calculer le plan de vol pour le modifier en fonction des conditions météo.

ORNITHOLOGUE

Il vérifie s'il y a des oiseaux dans la zone aéroportuaire et, si c'est le cas, essaie de les effrayer en utilisant diverses méthodes, comme le recours à des oiseaux de proie spécialement dressés.

DIRECTEUR D'AÉROPORT

Il est responsable de l'aéroport et de tous les employés. Il doit connaître l'état des pistes, coordonner le remplissage des réservoirs et le chargement des soutes des avions. Il est chargé de résoudre tous les problèmes qui peuvent se poser dans un aéroport.

PRÉPARATEURS DE VOL

Une responsabilité énorme pèse sur leurs épaules. Ils doivent s'assurer que les avions répondent bien à toutes les conditions de vol. Et, comme les ingénieurs aéronautiques conçoivent des appareils toujours plus perfectionnés, les préparateurs doivent se former en permanence pour connaître parfaitement toutes les évolutions techniques.

J'aimerais travailler dans...

un hôtel

HOTEL
"Hum, enfin du soleil!"
Femme de chambre
Liftier
RÉCEPTION
Directeur
Agent de sécurité
"Tu aimes bien cette voiture?!"
Réceptionniste
NEWS
"Dehors!"
HOTEL
Porteur
Portier
Oups!

DIRECTEUR

Les hôtels sont un peu comme des fourmilières. De nombreuses personnes y travaillent, des clients arrivent en permanence, d'autres repartent. Le directeur est en charge de toute l'organisation, il gère les réservations, noue les contacts avec les agences de voyages. Il fait en sorte que les résidents se sentent bien, ne manquent de rien et aient envie de revenir.

CHEF

Le chef invente de nouvelles recettes, concocte des menus, sélectionne les meilleurs ingrédients. Il dirige toute une équipe de cuisiniers, qui doivent être capables de préparer les plats en quelques minutes.

RÉCEPTIONNISTE

Les réceptionnistes sont en charge de l'accueil. Ils enregistrent les réservations, attribuent les chambres, transmettent les clés, essaient de répondre à toutes les demandes ou les critiques afin que les clients se sentent comme chez eux.

PORTEUR

PORTIER

Le portier ouvre la porte de l'hôtel aux clients. Il peut demander à un porteur d'aider à transporter les bagages jusqu'à la chambre, appeler un taxi…

Ils doivent avoir de nombreux talents : servir et desservir les tables correctement, savoir compter, avoir une bonne mémoire, être rapides et se montrer toujours souriants et agréables.
Quant au sommelier, il aide les clients à choisir leur vin et règne sur la cave du restaurant.

SERVEUSE

SERVEUR

SOMMELIER

PÂTISSIER

Gâteaux, biscuits, desserts… Un maître pâtissier enchante le palais des gourmands. Il a la tête pleine de recettes et deux mains très habiles : ses réalisations doivent à la fois réjouir l'œil et les papilles. La pâtisserie requiert une grande technique.

AGENT DE SÉCURITÉ

Leur rôle est d'assurer la sécurité des clients et de leurs bagages.
Ils éloignent les trouble-fêtes, empêchent les voleurs d'entrer et, en cas de vol, se transforment en détective.

BARMAN

Un bon barman ne se contente pas de préparer tous les cocktails existants, il en invente aussi de nouveaux. Son métier consiste à servir au plus vite sa boisson à chaque client.

BARISTA

Ce mot d'origine italienne désigne les barmen spécialisés dans le service du café. Expresso, cappuccino, moka ou latte n'ont pas de secret pour eux !

J'aimerais travailler dans...

un hôpital

Cardiologue
"Vous devez faire de l'exercice!"
Radiologue
Anesthésiste
Assistante chirurgicale
Chirurgien
Sage-femme
Kinésithérapeute
"Pliez, détendez!"
"Fille ou garçon?"
"Au suivant!"
Aide-soignante
"Haaaa"
Pédiatre
Infirmière
Médecin généraliste

INFIRMIÈRE

Elle est le bras droit du médecin. Elle est à ses côtés lorsqu'il examine un patient, qu'il opère ou demande un soin spécifique. Elle veille sur le malade, fait les prises de sang ou mesure sa tension.

CARDIOLOGUE

CHIRURGIEN

La médecine est l'une des disciplines les plus difficiles à étudier. Après l'obtention de leur diplôme, les médecins choisissent une spécialité. Le chirurgien opère, tandis que le cardiologue a pour mission de soigner les maladies cardiaques (c'est-à-dire celles qui ont trait au fonctionnement du cœur).

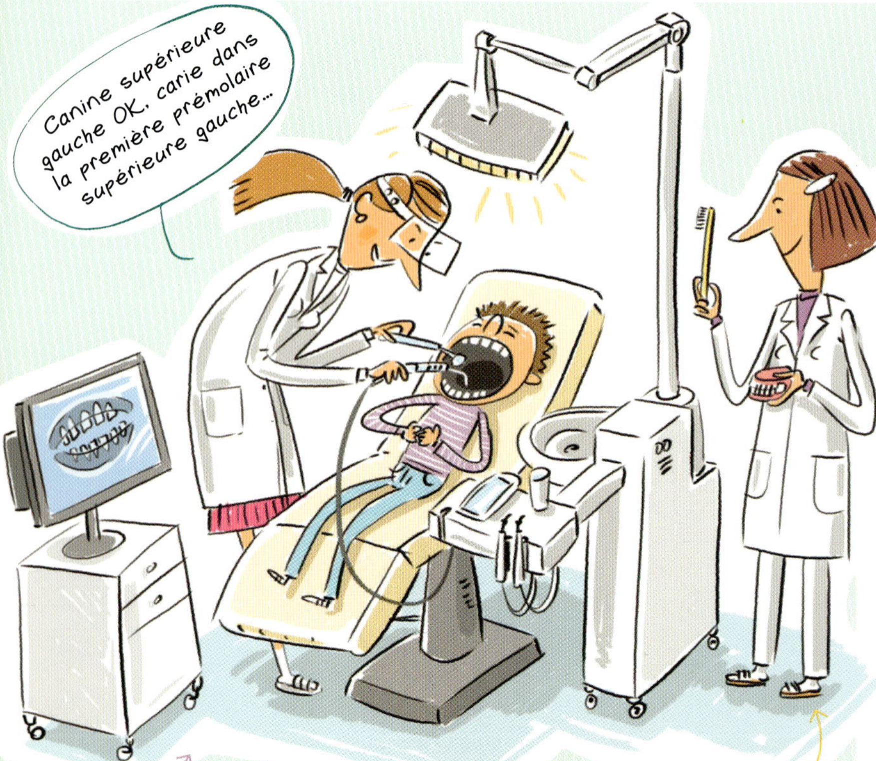

OPHTALMOLOGUE

L'ophtalmologue indique aux patients quelles lunettes ils doivent porter pour corriger leurs problèmes de vision.

ASSISTANTE DENTAIRE

DENTISTE

Détartrage, traitement des dents et des gencives et, dans le pire des cas, extraction, telles sont les nombreuses tâches du dentiste, parfois aidé d'une assistante. Certains professionnels interviennent dans les écoles pour expliquer aux enfants comment bien se brosser les dents et éviter de futurs problèmes.

PÉDIATRE

On ne se rend pas chez son médecin uniquement lorsqu'on est malade, mais aussi pour des examens de routine ou un vaccin. Le médecin qui s'occupe des enfants et des adolescents s'appelle le pédiatre.

KINÉSITHÉRAPEUTE

Il connaît à fond le fonctionnement du corps et tente de corriger les malformations de naissance ou soigner les blessures liées aux accidents. Pendant les séances de rééducation, il fait travailler les membres malades ou blessés pour que le patient puisse en retrouver l'usage.

SAGE-FEMME

Elle (ou il) suit les futures mamans pendant leur grossesse. Elle aide aussi lors de l'accouchement, sauf en cas de complications, et s'occupe du bébé après la naissance.

PHARMACIENNE

Les pharmaciens ne se limitent pas à donner des médicaments et des recommandations sur leur usage ou la prévention des effets secondaires indésirables. Ils sont aussi en mesure de fabriquer des médicaments. Les clients peuvent également les consulter pour obtenir des conseils sur leurs petits maux.

J'aimerais travailler dans…

un grand magasin

Vendeuse
Caissière
LES GRANDES GALERIES
Alfa
Libraire
Étalagiste
"Je voulais être blonde!"
Manucure
"Bien roses, mes ongles!"
Coiffeuse
Alfa
GRANDES GALERIES
FRUITS
"Lait, beurre, fruits..."
ELE

LIBRAIRE

Un bon libraire est avant tout un grand lecteur : il doit connaître les derniers ouvrages parus pour pouvoir conseiller un passionné d'histoire, un amateur de suspense ou un fou de romans d'aventures.

CHAUFFEUR POIDS LOURD

Souvent parti sur les routes, il n'a pas droit à l'erreur : il conduit par tous les temps, sait réparer son camion en cas de panne, et fait en sorte d'arriver à l'heure prévue pour livrer sa marchandise sans qu'elle s'abîme.

MAGASINIER

Il réceptionne la marchandise et vérifie qu'elle est bien fraîche ou intacte. Il s'occupe aussi de nettoyer l'entrepôt.

FLEURISTE

Besoin d'un beau bouquet pour un mariage ou un anniversaire, de plantes pour décorer votre intérieur ? La fleuriste a ce qu'il vous faut. Elle vous donne des conseils pour assortir vos fleurs ou faire pousser vos plantations.

ÉTALAGISTE

Il a un grand sens artistique et beaucoup d'imagination. Il conçoit la décoration des vitrines et des rayons du magasin, afin de mettre en valeur une nouvelle collection ou une promotion.

CONSEILLER CLIENTÈLE

Dans une banque, c'est lui qui gère le compte de ses clients. Il les conseille lors d'un emprunt, par exemple pour acheter une maison. Il propose des solutions adaptées au niveau de vie de ses clients afin que chacun essaie de ne pas dépenser plus que ce qu'il a sur son compte !

CAISSIÈRE

Elle calcule le total des achats et encaisse l'argent. Elle fait aussi au besoin, de jolis emballages.

VENDEUSE

Elle connaît son stock sur le bout des doigts et conseille ses clients. Elle veille à ce que les rayons soient bien en ordre.

GLACIER

C'est un expert dans la confection des cornets que petits et grands dévorent l'été… et durant le reste de l'année. Il sait comment marier glaces, sorbets, fruits, crèmes et chocolat pour en faire d'énormes coupes de crèmes glacées.

J'aimerais travailler dans...

une école

Principal
Secrétaire
Prof de musique
Prof de géographie
"Mais non, Rio c'est au Brésil!"
BUREAU DU PRINCIPAL
Prof d'histoire
Prof de sciences physiques
"Tu t'inscris au club d'échecs?"
cipal adjoint
"Ne t'en fais pas, ça va aller!"
PRINCIPAL ADJOINT
Prof d'informatique
Prof de mathématiques
cateur spécialisé
Prof de sciences naturelles
ÉCOLE
Assistante d'éducation
"Dessine-moi un oiseau..."
Professeur des écoles

PROFESSEURS

Maths, langues étrangères, français, histoire… Ils maîtrisent chacun parfaitement leur matière. Mais leur talent consiste avant tout à savoir transmettre leurs connaissances aux élèves.

PRINCIPAL

Il doit faire fonctionner au mieux l'établissement et résoudre les problèmes (avec les élèves, leurs parents, les enseignants…). Il est responsable du personnel (de nettoyage, de cantine…), et travaille main dans la main avec les professeurs.

ENSEIGNANT SPÉCIALISÉ

Tous les enfants n'apprennent pas au même rythme, certains souffrent de handicap. Les enseignants spécialisés utilisent des outils et des méthodes adaptés aux besoins de certains élèves, comme la langue des signes ou le braille.

SECRÉTAIRE

C'est le bras droit du principal pour toutes les tâches administratives. Elle envoie les bulletins scolaires aux familles, rentre dans l'ordinateur les informations concernant les élèves…

AGENT D'ENTRETIEN

Il est responsable des bâtiments, de leur propreté et de leur sécurité. Il s'occupe de la maintenance et des petites réparations, et s'adresse à des sociétés spécialisées pour les gros travaux.

CONSEILLER D'ORIENTATION

Il rencontre les élèves pour les aider à choisir une orientation ou découvrir des métiers nouveaux. Il a souvent aussi un rôle de psychologue scolaire, et aide les enfants en difficulté.

PRINCIPAL ADJOINT

Avec le principal, il s'occupe des emplois du temps des professeurs, de la mise en place de nouveaux projets pour mieux encadrer les élèves…

DOCUMENTALISTE

Elle règne sur la bibliothèque de ton école ! Elle commande livres, BD et magazines, organise leur classement et gère le prêt. Elle aide les élèves à trouver la documentation pour leur travail scolaire.

ASSISTANTE D'ÉDUCATION

En dehors des heures de classe, elle aide les élèves à faire leurs devoirs, à mieux s'organiser. Elle surveille les récréations et les permanences. Parfois elle anime aussi des clubs, ou encadre les sorties scolaires.

J'aimerais travailler dans...

les services de secours

Standardiste aide médicale d'urgence
Ambulanciers
Policier à cheval
"Allez!"
Policier à vélo
"Je vous reçois 5 sur 5!"
POLICE
Policier
POLICE
PO
Slurp !!!
"C'est le dernier!"
Plongeur
"Splash!"

SECOURISTE EN MONTAGNE

Les opérations de secours en montagne sont organisées par des équipes entraînées à l'escalade, au ski alpin et au sauvetage par hélicoptère. Les secouristes viennent en aide aux blessés, leur donnent les premiers soins et les transportent jusqu'à l'endroit d'où ils pourront être amenés à l'hôpital.

STANDARDISTE AIDE MÉDICALE D'URGENCE

Ses connaissances médicales lui permettent de prendre des décisions rapides. Lorsqu'elle reçoit un appel de détresse, elle doit réagir vite pour bien conseiller la personne qui a donné l'alerte sur la façon d'aider le blessé jusqu'à l'arrivée des secours.

MAÎTRE-CHIEN

Grâce à son chien dressé pour les recherches, ce policier peut retrouver des personnes disparues, des explosifs ou de la drogue. Ce duo de choc participe ainsi à diverses opérations de sauvetage.

POLICIER

Lorsqu'une enquête se déroule sur un lieu difficile d'accès, le policier s'y rend parfois à moto, à vélo ou à cheval. L'entraînement de la police montée est très exigeant : le policier doit savoir dresser son cheval, pour qu'il obéisse en toutes situations et au besoin saute des obstacles.

SAPEUR-POMPIER

Il éteint les incendies, secourt les personnes en danger, les évacue quand elles se trouvent dans des endroits difficiles d'accès, tels une maison inondée, un immeuble en feu, ou une voiture accidentée.

AMBULANCIER

En cas d'accident, une ambulance est appelée pour transporter les blessés. L'ambulancier a des notions médicales lui permettant, au besoin, d'intervenir avant l'arrivée du médecin. Selon la gravité de l'accident, ce sont les pompiers ou le SAMU qui délivrent les premiers secours et emmènent les blessés à l'hôpital.

PLONGEUR

C'est un métier très dur ! Les plongeurs doivent être en parfaite condition physique, avoir les nerfs solides et, bien sûr, être d'excellents nageurs. Ils plongent profond pour retrouver les personnes disparues, faire des fouilles archéologiques ou participer à la lutte contre le trafic de drogue.

ARTIFICIER

Lorsqu'un objet suspect est détecté, on appelle l'artificier qui vérifie si l'objet est de nature explosive. Si tel est le cas, il devra le désamorcer.

J'aimerais travailler dans...

le bâtiment

"Quelle vue!"
Étancheur
"Attention là-dessous!"
Grutier
"Boum Boum"
Charpentier
"Et voilà!"
"On n'en voit pas le bout!"
Plâtrier
Paysagiste
Jardinier
Maçon
"Comment je vais sortir ?"
Cimentier
Agent immobilier
"Berk!"
Architecte
Ouvrier
"Il ne manque pas un étage?"
Chef de projet
Chef de chantier

PEINTRE EN BÂTIMENT

Grâce à sa connaissance des matériaux, il peint ou retape n'importe quelle pièce ou bâtisse. Il conseille ses clients pour les aider à choisir les couleurs ou motifs…

ARCHITECTE

Il exerce une activité à la fois artistique et technique. Ses connaissances techniques lui permettent de concevoir un bâtiment répondant aux exigences de la commande, mais aussi aux normes de sécurité.

CHEF DE CHANTIER

Dès que commence la construction, il prend en main le chantier. Il connaît les plans par cœur, commande le matériel et planifie le travail des ouvriers afin qu'il soit réalisé dans le délai fixé.

CHEF DE PROJET

Il transforme les dessins de l'architecte en plans minutieux sur lesquels figure l'emplacement des tuyaux, du circuit électrique ou du chauffage.

PAYSAGISTE

Grâce à leurs connaissances des fleurs, des plantes et des arbres, les paysagistes savent quelles variétés planter et où, pour avoir toute l'année un joli jardin en fleurs.

ÉTANCHEUR

Ni l'un ni l'autre n'a le vertige : heureusement car ils travaillent tous deux sur le toit ! Le couvreur pose les tuiles pour empêcher l'eau d'entrer, et l'étancheur s'occupe de tout ce qui est en métal, comme les cheminées ou les gouttières.

COUVREUR

AGENT IMMOBILIER

Il aide ses clients à vendre leur maison, leur appartement ou encore leur commerce… et d'autres clients à les acheter. Il accompagne les acheteurs sur les lieux pour faire visiter, puis négocie le prix de vente.

ÉLECTRICIEN

MAÇON

Briques, parpaings, ciment et mortier n'ont pas de secret pour le maçon. Il monte les murs et les enduit de plâtre. Puis c'est au tour de l'électricien de travailler : il déroule les lignes électriques, les raccorde au réseau d'alimentation et installe les prises et les interrupteurs muraux.

PLOMBIER

Il œuvre aussi bien dans la cuisine que dans la salle de bains, ou au jardin. Sans lui, pas d'eau !
Il installe les tuyaux, pose les éviers ou robinets, et les répare en cas de problème ou de fuite.

J'aimerais travailler dans…

une gare

BOISSONS
"Oups!"
Opérateur de la circulation
Contrôleur
"Au revoir!"
Poseur de rails
"Écoute bien ta mère..."
VOIE 2
"Reviens vite!"
Responsable matériel roulant
VOIE 3
"Pourvu que le train ait du retard!"
Technicien de maintenance
"Coin Coin"
"Attention, le train rentre en gare!"
Technicien de maintenance
Poseur de rails

CHEF D'ESCALE

Il a la responsabilité des chefs de quai et agents d'escale.
Il s'assure que les trains arrivent et partent à l'heure,
et qu'il n'y ait ni retard ni accident.

CONDUCTEUR DE TRAIN

Avant le départ, il vérifie que tout est en bon état de marche.
Il doit maîtriser la technologie et réagir vite en cas de problème.

CHEF DE QUAI

Son rôle est très important,
car c'est lui qui donne l'ordre
de départ au chef de bord
(le contrôleur). Pour cela,
il se sert de son sifflet
et d'un disque de signalisation.

RESPONSABLE MATÉRIEL ROULANT

Il effectue des contrôles techniques sur tous les véhicules dans l'atelier.
Il vérifie les freins, les dispositifs de sécurité pour décider si le train peut
rouler. En cas de problème, il fait appel à un mécanicien.

MÉCANICIEN

CONTRÔLEUR

Dans chaque train, les contrôleurs se chargent de vérifier la validité des billets, et au besoin de renseigner les voyageurs. Ils assistent les conducteurs, par exemple lors de la fermeture des portes. Ils s'assurent que les passagers voyagent dans les meilleures conditions de confort et de sécurité.

AGENT D'ESCALE

Il s'occupe de renseigner les voyageurs dans la gare, de leur proposer des solutions quand il y a un problème sur un train (une panne, un retard…), de vérifier que toutes les installations fonctionnent bien (bornes d'achat, composteurs…). Il est aussi chargé de vérifier que le train réunit toutes les conditions techniques pour pouvoir partir.

OPÉRATEUR DE LA CIRCULATION

C'est le chef d'orchestre de la circulation ! L'opérateur de la circulation ferroviaire doit veiller à ce que les trains partent à l'heure, et roulent en toute sécurité. Il s'occupe de l'aiguillage et des signaux en relation avec les autres postes d'aiguillage.

TECHNICIEN DE MAINTENANCE ET DE TRAVAUX

Sans rails, pas de trains ! Le technicien de maintenance vérifie l'état des rails. S'il y a des pièces à réparer, à souder ou à ajuster, il s'adresse alors au poseur de rails.

POSEUR DE RAILS

J'aimerais travailler...

sur scène, à l'Opéra

"J'adore les premières!"
HihiHihi
Solistes
"Mais quand est-ce qu'ils commencent?"
"Tudu"
Danseuse Étoile
Danseur Étoile
"Bang"
Chorégraphe
"Premier violon, c'est faux!"
Chef d'orchestre
"Encore en retard!"

DANSEUR

Derrière chaque mouvement, chaque saut ou pirouette, il y a des années de travail ! Danseurs et danseuses doivent s'entraîner plusieurs heures par jour pour être en parfaite forme et interpréter au mieux leur rôle. À l'Opéra la plus grande distinction dans le corps de ballet est "Danseur Étoile".

COMPOSITEUR

LIBRETTISTE

Deux auteurs collaborent en général à l'écriture d'un opéra ou d'un ballet : le librettiste rédige l'histoire, puis le compositeur s'en inspire pour écrire la musique. Le compositeur est souvent musicien, lui-même. Il sait comment créer des ambiances de ballets en faisant jouer tel ou tel instrument.

CHEF DE CHŒUR

C'est lui qui dirige les chanteurs. Il choisit le répertoire, étudie de nouvelles compositions, mène les répétitions et décide qui va chanter les solos.

CHANTEUR

Pour pouvoir se produire en public et devenir professionnel, le chanteur doit énormément travailler. Une jolie voix, ça ne suffit pas, il faut la "muscler"… Pas avec des haltères, bien sûr : un professeur est nécessaire pour répéter avec lui, parfaire sa technique et renforcer ses cordes vocales.

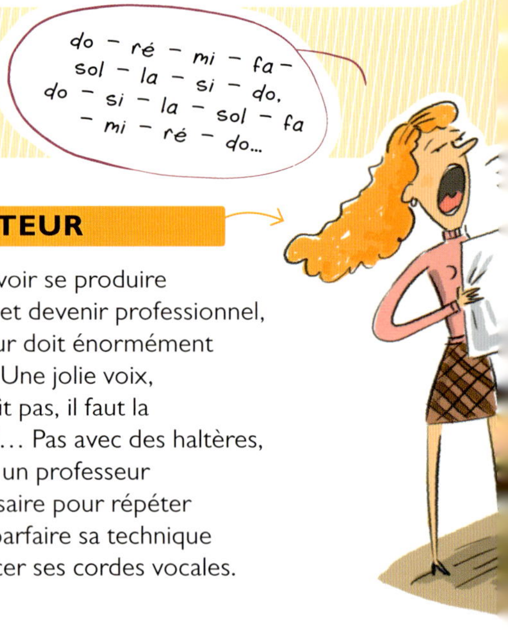

MAÎTRE DE BALLET

Il règne sur la troupe de ballet et attribue à chacun son rôle.
Il dirige les répétitions et fait respecter les consignes du chorégraphe.

RÉPÉTITEUR

Pendant les répétitions, il accompagne au piano les danseurs, mais aussi les chanteurs et les choristes. Faire intervenir l'orchestre à chaque répétition serait trop coûteux et trop compliqué.

CHEF D'ORCHESTRE

Le chef d'orchestre ne joue pas (sur scène) d'un instrument. Pourtant il n'y aurait pas de concert sans lui ! Il étudie la partition, puis répète avec les musiciens, et les dirige durant la représentation en battant la mesure et en indiquant s'il faut jouer fort ou doucement. C'est lui qui donne sa personnalité à l'interprétation.

ROFESSEUR DE CHANT

CHORÉGRAPHE

Cet artiste - qui est souvent lui-même danseur - crée des chorégraphies, c'est-à-dire des enchaînements de mouvements sur une musique. Il explique aux danseurs quelle interprétation il attend d'eux, et participe également aux répétitions.

J'aimerais travailler dans...

le cinéma

Monteur
"Être ou ne pas être, telle n'est pas la question..."
Cascadeur
"Ouiii!"
Acteur
Clapman
"Miaou..."
Éclairagiste
Habilleuse
"Mais où l'ai-je mise?"
Truquiste
Scripte
Acteur
"Action!"
Chef costumier
"C'est quoi cette fumée?"
RÉALISATEUR
PRODUCTEUR
Scénariste
Réalisateur
Producteur
AO1 32-GO7
GO

DIRECTEUR ARTISTIQUE

Il choisit le style des costumes, l'aspect des décors, ou des lieux de tournage. Il donne son accord sur le mobilier, les accessoires et tous les éléments de décoration. Bref, quand il y en a un sur le tournage, c'est à lui qu'on doit l'ambiance du film.

SCÉNARISTE

Il invente des histoires, ou adapte pour le cinéma les idées ou romans des autres. Il donne vie à des personnages à travers des dialogues longuement réfléchis pour qu'ils aient l'air "vrai", et leur fait vivre toutes sortes de situations qui servent une intrigue.

SCRIPTE

Elle doit avoir une excellente mémoire ! En effet, elle doit s'assurer que ce qui est filmé ne comporte pas d'erreur et qu'aucun détail ne change entre deux séquences, même si toutes les prises ne sont pas tournées le même jour.

PRODUCTEUR

Il fait en sorte de trouver l'argent pour que le film puisse être réalisé. Il veille au respect du budget et nomme l'équipe de tournage : le réalisateur, le directeur de la production, le directeur de la photographie, l'ingénieur du son, le monteur…

CHEF OPÉRATEUR

DIRECTEUR DE LA PRODUCTION

Avant le début du tournage, tout doit être soigneusement planifié car plusieurs dizaines de personnes travaillent dessus. Le directeur de la production établit le calendrier et s'assure qu'il est respecté.

DIRECTEUR DE LA PHOTOGRAPHIE

Il donne des instructions au cadreur pour trouver l'angle de prise de vues, ou aux éclairagistes. Il donne ses consignes à son assistant chargé de manœuvrer la caméra.

CASCADEUR

Il remplace l'acteur dans les scènes dangereuses. Il est capable de gravir des montagnes, d'effectuer des sauts dans le vide, ou dans les flammes… de plonger, de se battre à l'épée ou de conduire à toute vitesse des voitures de sport dans des scènes de poursuite.

MONTEUR

Il choisit les prises qu'il assemble et qui formeront le film au final. Il doit combiner le son et l'image pour aboutir à un résultat qui satisfera le réalisateur.

J'aimerais travailler dans...

la presse

Secrétaire de rédaction
"Mais qu'est-ce qu'il a bien voulu dire?"
"C'est le cinquième de la journée..."
Journalistes
Graphiste
Rédacteur en chef
"J'ai des photos incroyables..."
Photographe
"On a tout repris!"
RÉDAC'CHEF
"J'espère que ça ira..."
ANTI STRESS
"Eh, mon amour..."
Kaï kaï...
Agent d'entretien
Juge
Juge
Juge
Avocat
"Il ment!"
"Je suis innocent"
Réceptionniste
Photographe
"Pour qui la pizza mozza jambon cru ?"
PIZZA
Livreur de pizza
Journaliste

JOURNALISTE

Il propose des sujets à la rédaction ou écrit ceux qu'on lui commande. Pour cela, il s'aide des dépêches d'agences de presse, d'Internet ou d'ouvrages spécialisés. Il réalise des interviews ou mène des enquêtes sur le terrain pour rendre compte d'une actualité.

RÉDACTEUR EN CHEF

Il est responsable de tout ce qui paraît dans le journal, ainsi que du budget et de l'équipe avec laquelle il travaille. Il décide des sujets à traiter dans chaque numéro en accord avec les différentes rédacteurs en chef adjoints. Il n'écrit généralement pas les articles lui-même, mais les commande aux journalistes de sa rédaction.

CORRECTEUR

Avant que le numéro ne soit envoyé à l'imprimerie, le correcteur typographique relit soigneusement le texte pour vérifier qu'il ne comporte aucune erreur de style ou d'orthographe, et que la ponctuation est correcte.

INTERPRÈTE

Lorsqu'un journaliste interviewe une personnalité étrangère, il fait appel à un interprète. Celui-ci doit maîtriser aussi bien sa langue que celle de son interlocuteur afin de pouvoir passer de l'une à l'autre sans risque d'erreur. Les traducteurs simultanés sont même capables d'écouter une conversation dans une langue tout en la traduisant en même temps dans une autre.

WEBMASTER

SECRÉTAIRE DE RÉDACTION

Il relit les articles, et si nécessaire, modifie leur longueur. Il corrige les erreurs de style et de langue. Il peut aussi parfois rédiger les titres ou les légendes des photos…

WEB DESIGNER

Aujourd'hui, tous les magazines, ou presque, ont leur site web. Le web designer se charge de la conception, le programmateur met en ligne les articles et le webmaster assure leur mise à jour et la maintenance du site.

GRAPHISTE

À l'aide d'un logiciel spécialisé, le graphiste (appelé aussi maquettiste) effectue la mise en page des textes et des images pour donner à l'article sa forme : il faut que le lecteur ait envie de lire l'article… jusqu'au bout !

PHOTOGRAPHE

Il fournit les photos pour illustrer un article. Selon le type de magazines pour lequel il travaille, il peut être amené à couvrir différents événements, faire un reportage, en France ou à l'étranger… Dans un magazine féminin, il travaille en studio avec des mannequins.

RESPONSABLE ABONNEMENTS

CHEF DE PUB

Ils sont chargés de trouver des marques qui aient envie de passer des pages de publicité dans les magazines. Cela rapporte de l'argent aux journaux, qui en ont besoin pour fonctionner.

J'aimerais travailler dans...

un musée

Archiviste
Entomologiste
"D'après la brochure, il y a une expo sur les scarabées..."
Agent de sécurité
"Ne touchez à rien!"
Minéralogiste
Paléontologue
"Miam..."
Grrrrrrr...
Archiviste
Anthropologue
Botaniste
Restaurateur
Archéologue
Chercheuse en Préhistoire

RESTAURATRICE

Elle répare les œuvres d'art anciennes ou endommagées : sculptures, tableaux mais aussi vases, tapis… Particulièrement habile de ses mains, elle est souvent elle-même une artiste. Avant de se lancer dans un travail, elle se documente sur les techniques utilisées à l'époque de la création de l'œuvre, afin de les appliquer.

MUSÉOGRAPHE

Pour qu'une exposition attire et séduise le public, il ne suffit pas d'aligner des œuvres d'art dans une vitrine. Le muséographe imagine une façon de les présenter pour rendre la visite plus intéressante et vivante : avec de la musique, des lumières plus ou moins fortes, dans des pièces sombres…

MINÉRALOGISTE

BOTANISTE

Il y a trois cent cinquante sortes de scarabées dans le monde ! Crois-tu qu'il soit possible de les connaître tous ? L'entomologiste gère les collections d'insectes, y compris les espèces aujourd'hui disparues. L'anthropologue a une excellente connaissance de l'espèce humaine, le botaniste s'intéresse aux plantes et le minéralogiste aux minéraux. Chaque musée fait appel aux bons spécialistes pour gérer ses collections.

ENTOMOLOGISTE

ANTHROPOLOGUE

CONSERVATEUR DU MUSÉE

Art ancien ou contemporain, sciences naturelles, histoire… le conservateur doit tout savoir sur la thématique développée par le musée. Il prend soin des collections, rédige la documentation et établit le calendrier des expositions. Comme un musée n'a pas les moyens d'acheter toutes les œuvres d'art, c'est lui qui se charge de déterminer ce qui peut, ou non, rentrer dans les collections.

ARCHIVISTE

Il entrepose soigneusement les œuvres que possède le musée, pour éviter qu'elles ne soient endommagées. Il doit connaître l'histoire et la technologie pour déterminer les risques de dégâts causés par la lumière, la chaleur ou l'humidité.

GUIDE

Il est là pour satisfaire la curiosité des petits et des grands ! Le guide emmène les visiteurs à la découverte des trésors du musée, il donne des informations qui ne figurent pas dans les brochures, ou propose des animations pour intéresser les enfants aux collections.

ARCHÉOLOGUE

Grâce à ses immenses connaissances, il peut dater un morceau d'un vase datant de l'Antiquité ou un bijou gaulois… Il collecte les objets sur le chantier de fouilles, puis les étudie pour évaluer leur âge et leur valeur.

ATTACHÉ DE PRESSE

À chaque nouvelle exposition, il fait en sorte que les journaux, la radio, les sites web ou la télévision en parlent pour attirer encore plus de visiteurs. Il envoie un communiqué de presse aux journalistes, et répond à leurs demandes d'interviews ou de documentation.

J'aimerais devenir...

un artiste

Joaillier-bijoutier
"Coupe, coupe!"
Rrrr Rrrr
Illustrateur
Sculpteur
"Vous avez ça dans votre collection?"
"La macrophoto, c'est dur!"
Photographe
Agent artistique
Galeriste
Critiques d'art
"Qu'est-ce que je vais pouvoir écrire...?"
Potier
"Tout est couleur..."
"Pourvu que ma caméra ne tombe pas en panne."
Performer
Caméraman

ÉBÉNISTE

Spécialiste des meubles de valeur en bois, un ébéniste doit pouvoir rénover une armoire sculptée, une commode Louis XVI ou une table ancienne. Il sait aussi imaginer et fabriquer des meubles qu'il a dessinés lui-même.

ARTISTE PEINTRE

Pour nourrir son talent, un peintre doit avoir une bonne technique, une culture artistique, faire preuve d'imagination et de créativité, sans quoi son œuvre risque fort de ne pas être remarquée.

PERFORMER

Qu'il déclame des textes, danse, chante, peigne… il choisit un lieu inhabituel pour offrir au public une « performance artistique », c'est-à-dire un spectacle éphémère, improvisé ou non.

ILLUSTRATEUR

Il imagine des dessins pour illustrer un livre, un magazine ou une page web. Il suit une commande précise ou s'inspire librement du texte pour créer des images qui lui donneront encore plus de force.

SCULPTEUR

Il choisit entre différents matériaux et techniques : le bois, la pierre, la fonte, l'argile, le plastique… Certains sculpteurs représentent une personne ou un objet le plus fidèlement possible, d'autres préfèrent créer des œuvres abstraites, pur produit de leur imagination.

STYLISTE

Le styliste crée les modèles en tenant compte des tendances dans l'air du temps (matériaux, couleurs, formes…), de ses propres inspirations et de la marque qu'il représente (maison de haute couture…). Doué d'imagination et de sens artistique, il a une connaissance approfondie des tissus et des techniques d'assemblage.

CHAPELIER

JOAILLIER-BIJOUTIER

Il crée de magnifiques bijoux à partir d'un dessin. Il doit faire preuve de beaucoup de dextérité pour pouvoir travailler avec des pierres parfois minuscules.

DESIGNER

De même qu'un styliste contribue à lancer des tendances dans le monde de la mode, un designer réfléchit à de nouvelles formes pour les objets : des lunettes aux voitures en passant par les théières ou les aspirateurs ! Il détermine la forme et la couleur des objets, mais s'assure aussi que celui-ci est utilisable aisément.

J'aimerais travailler sur...

une base de lancement

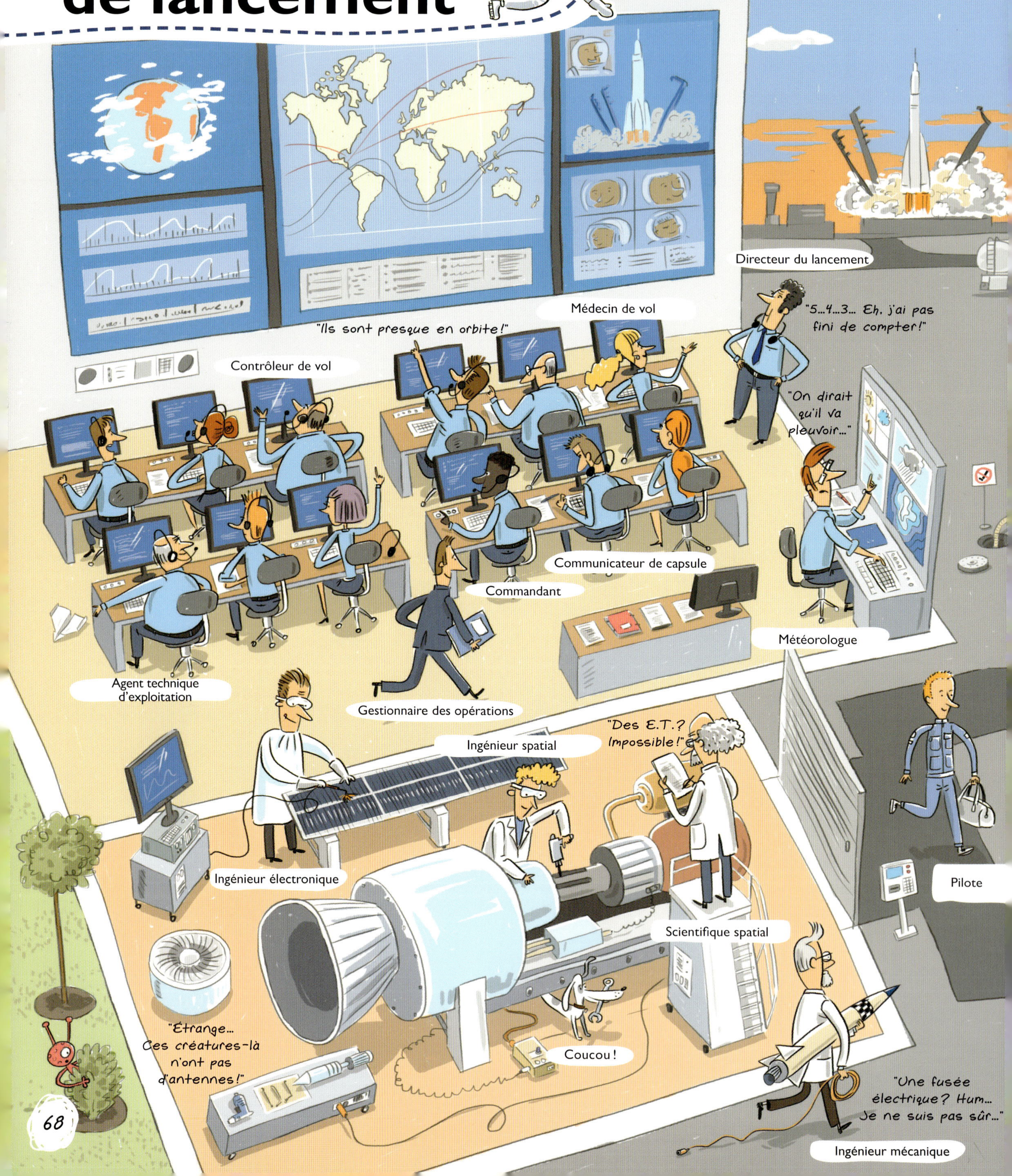

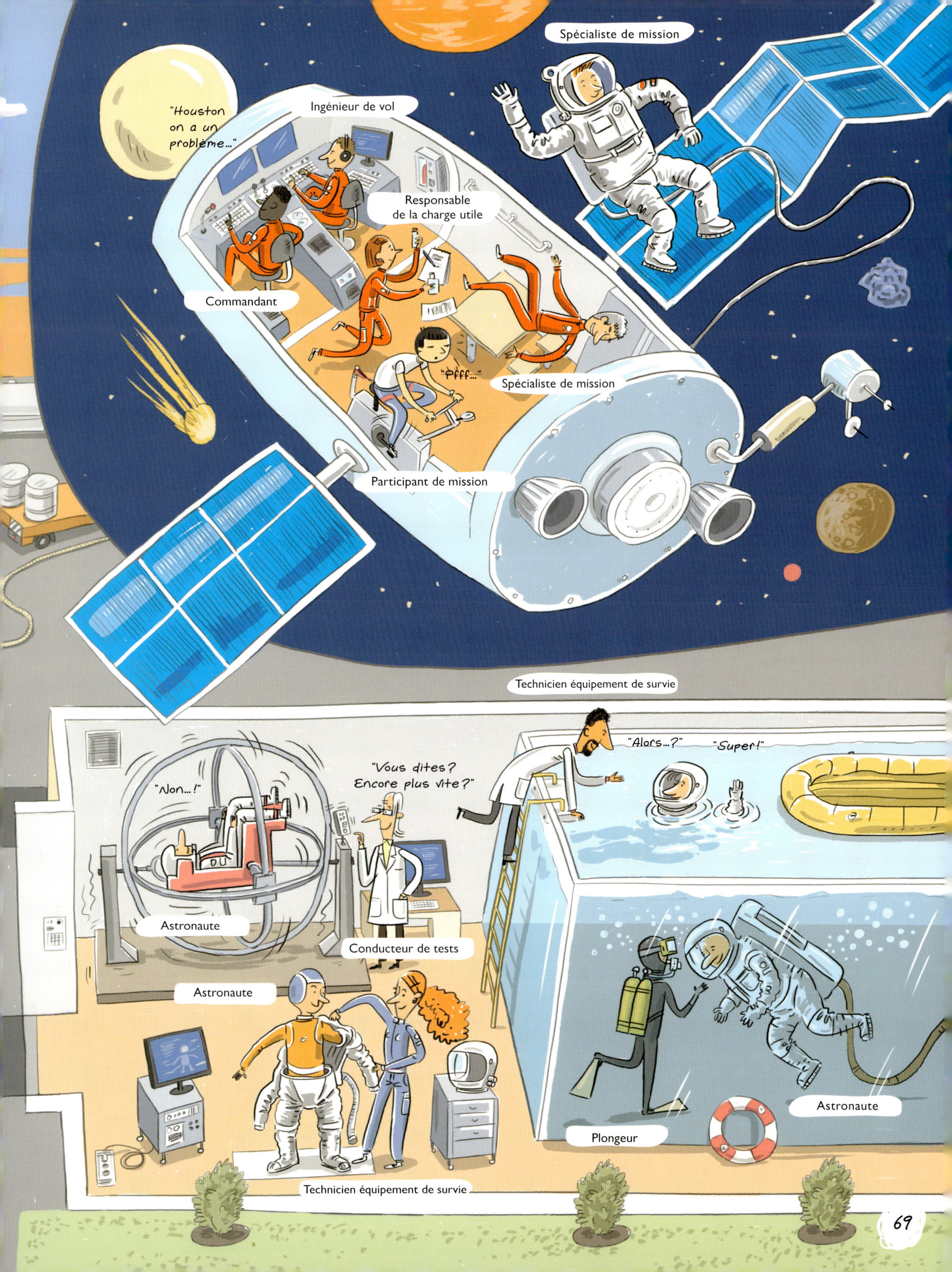
Spécialiste de mission
"Houston
on a un
problème..."
Ingénieur de vol
Responsable
de la charge utile
Commandant
"Pfff..."
Spécialiste de mission
Participant de mission
Technicien équipement de survie
"Alors...?"
"Super!"
"Vous dites?
Encore plus vite?"
"Non...!"
Astronaute
Conducteur de tests
Astronaute
Astronaute
Plongeur
Technicien équipement de survie

ASTRONAUTE

Il peut être ingénieur, physicien, biologiste ou mathématicien. En plus de ses connaissances spécifiques dans son domaine, il doit être en parfaite condition physique et psychologique. Avant de participer à une mission, il doit beaucoup s'entraîner, notamment dans une piscine, pour être capable de travailler avec un scaphandre comme dans l'espace.

TECHNICIEN ÉQUIPEMENT DE SURVIE

En cas d'urgence, chaque astronaute peut compter sur son casque, son scaphandre, son masque à oxygène et son kit de survie. Cet équipement est régulièrement contrôlé par un technicien expert en survie, qui enseigne également à l'équipage à s'éjecter, atterrir ou amerrir.

COMMANDANT

Pour pouvoir prendre place dans le cockpit d'un vaisseau spatial, il doit d'abord compter plus de mille heures aux commandes d'un avion de ligne. Le commandant est responsable de la navette, de l'équipage, du succès de la mission et de la sécurité.

RESPONSABLE DE LA CHARGE UTILE

Lorsque des expériences doivent être conduites à bord ou qu'il faut superviser la livraison de matériel dans l'espace, un spécialiste accompagne la mission. Il s'agit souvent d'un chercheur ou d'un expert envoyé par un institut scientifique, qui devient pour l'occasion un véritable astronaute.

INGÉNIEUR DE VOL

Il contrôle le bon fonctionnement des appareils et des systèmes à bord, et aide le commandant à diriger le vaisseau.

SPÉCIALISTE DE MISSION

Il est responsable de diverses tâches lors des missions spatiales. C'est lui, par exemple, qui effectue les sorties dans l'espace et manipule le Canadarm, un long bras mécanique qui sert au déchargement et au déploiement des charges utiles.

DIRECTEUR DU LANCEMENT

Il joue un rôle crucial dans la campagne de lancement d'un vaisseau spatial. Il contrôle tous les paramètres, tels la météo ou l'état de la fusée. Il ne donne le signal du lancement qu'une fois convaincu d'avoir réuni toutes les conditions de sécurité.

CONTRÔLEURS DE VOL

Le bon déroulement d'une mission spatiale, de son lancement à son retour sur la Terre, est assuré au sol par des dizaines de personnes. Au centre de contrôle, des techniciens spécialisés se relaient pour surveiller l'état des équipements ainsi que la santé physique et mentale de l'équipage.

INGÉNIEUR SPATIAL

C'est lui qui conçoit les systèmes utilisés par les scientifiques en mission dans l'espace. Il dessine les plans, construit des prototypes et conduit les tests jusqu'à la mise en service de l'appareil.

C'est quoi ton métier?

Quand je serai grand, je serai...

TEXTES : SILVIE SANŽA
ILLUSTRATIONS : MILAN STARÝ
DESIGN : KATARINA SOUDKOVA ET VERONIKA KOPECKOVA
MISE EN PAGE : ALENA SIGMUNDOVA
TRADUIT DE : Whats' Your Job
ÉDITION ORIGINALE : © B4U PUBLISHING, S.R.O., 2013
www.b4upublishing.com
French translation rights arranged through VeroK agency, Spain

TRADUCTION DE L'ANGLAIS : ÉRIC CHEVREAU

L'ÉDITRICE REMERCIE JOSÉPHINE MANOURY POUR SON AIDE.
AINSI QUE MEHDI BEN ATTIA, MARCEL MADIOT, ISABELLE SÉVÈRE, JULIETTE HYRIEN, ET CHRISTOPHE CHAFFARDON POUR LEUR RELECTURE PRÉCIEUSE.

© Bayard éditions, 2014
18, rue Barbès, 92120 Montrouge
ISBN : 9782747052689
Dépôt légal : septembre 2014
Loi n° 49-956 sur les publications destinées à la jeunesse
Reproduction même partielle interdite
Imprimé en Chine